Les Titrés Non-Fiction de Janvier Chando

LES HÉROS FALLES: Les Dirigeants Africains dont les Assassinats ont Désorganisé…
CAMEROUN: Le Système de Marionnettes Dysfonctionnel de la France…
MALGREUX EUX: La Présidence de Donald Trump en Deux Mandats
L'EFFET DU CANARIE DANS UN MINE DE CHARBON
UKRAINE: Le Bras de Fer entre la Russie et l'Occident
LE CAMEROUN: Le Cœur Hanté de l'Afrique

Les Titres Fiction de Janvier Chando

The Usurper: et autres histoires
Agent Triple, Double Croix
Les Disciples de Fortune
L'Union Moujik
Le Flash du Soleil
L'Appel de Fortune
Le Maître de Fortune
Les enfants de Fortune
La Fille sur le Sentier
La Légende du Feu et de la Glace
La Plus Douce Folie
Les Grand-mères
L'Incendie de la Faim
Moi avant Eux
Le Père et les Fils
Les Médecins
Les Teintes Sombres
Liens Fatidique
Le Verdict de l'Hadès
Le Procès de Sa Majesté
La Folie de Ngoko
L'Usurpateur
Le Dot
Je suis Détesté
Le Lourdaud

Les Nouveaux Titres de Janvier Chando

Le Faucon Blanc
Les Amis Mortels
Les Ours de Norilsk
La Dérive à la Maison

LES HÉROS
QU'ILS ONT ABATTUS:
Les Assassinats d'Yitzhak Rabin et d'Anouar Sadate, et la Mortinaissance de la Paix au Moyen-Orient

Janvier T. Chando

TISI BOOKS

NEW YORK, RALEIGH, LONDRES, AMSTERDAM

LES HÉROS QU'ILS ONT ABATTUS: Les Assassinats
d'Yitzhak Rabin et d'Anouar Sadate, et la Mortinaissance
de la Paix au Moyen-Orient
Copyright © 2020 by Janvier Chando

Tous les droits sont réservés

ISBN-13: 979-8-55-244063-4
ISBN-10: 8-55-244063-6

PUBLIÉ PAR TISI BOOKS
www.tisibooks.com

NEW YORK, RALEIGH, LONDRES, AMSTERDAM

Épigraphe

«Chaque processus doit suivre son cours historique et arriver à une conclusion logique, quels que soient les facilitateurs injectés pour accélérer le processus, ou les obstacles mis pour l'arrêter ou l'interdire.»
—*CHRISTOPHER NKWAYEP-CHANDO*

Dévouement

Le livre est dédié à tous les dirigeants emblématiques et légendaires dont les buts étaient de servir l'humanité et de faire progresser le bien-être de l'homme, en particulier ceux qui ont été écourtés dans leurs missions historiques par les forces maléfiques de ce monde.

Reconnaissance

Mes remerciements les plus profonds, les plus chaleureux et les plus éternels au Dr. Samuel F. Tchwenko et Christopher N. Chando pour leurs contributions à l'idéal de solidarité sociale et à la valorisation de l'humanité.

LES HÉROS
QU'ILS ONT ABATTUS:
Les Assassinats d'Yitzhak Rabin et d'Anouar Sadate, et la Mortinaissance de la Paix au Moyen-Orient

Contenu

Cartes

MIDDLE EAST
ROM.
Bucharest
Constanța
Sevastopol
UKR.
Krasnodar
RUSSIA
KAZAKHSTAN
Aqtau
(Aktau)
Sofia
BULGARIA
Varna
Black Sea
Grozny
Nukus
Thessaloniki
Istanbul
Sukhumi
Bat'umi
GEORGIA
Tbilisi
Caspian
Sea
Dasoguz
UZBEKISTAN
Buxoro
GREECE
Samsun
Trabzon
ARMENIA
AZERBAIJAN
Yerevan
Baku
Sumqayıt
Turkmenbaşy
TURKMENISTAN
Turkmenabat
Burka
Ankara
Erzurum
Balkanabat
Izmir
TURKEY
Konya
Kayseri
Diyarbakır
Van
Tabriz
Rasht
Mashhad
Ashgabat
Mary
Athens
Denizli
Antalya
İçel
(Mersin)
Adana
Gaziantep
Zanjän
Qazvin
Tehran
Herat
Nicosia
Aleppo
Latakia
Mosul
Arbil
Qom
AFG.
CYPRUS
SYRIA
Kirkuk
Kermänshäh
Arak
Mediterranean Sea
Beirut
Hims
Damascus
Esfahän
I R A N
LEBANON
ISRAEL
Golan
Heights
Baghdad
Tel Aviv
West Bank
I R A Q
Ahväz
Kermän
Alexandria
Port
Said
Amman
Jerusalem
Gaza Strip
JORDAN
An Näsiriyah
Al Basrah
Abädän
Zäbol
PAK.
Cairo
Al Bruk
Suez
Al
Aqabah
Kuwait
KUWAIT
Shiräz
Bandar-e
Büshehr
Bandar
Abbäs
EGYPT
Tabük
Hafar
al Bätin
Hä'il
Al Jubayl
Persian
Gulf
Luxor
Buraydah
Ad Dammäm
Dhahran
Manama
BAHRAIN
QATAR
Doha
Abu
Dhabi
Dubai
OMAN
Gulf of
Oman
Aswän
Medina
SAUDI
Riyadh
Muscat
Yanbu
al Bahr
UNITED ARAB
EMIRATES
Halä'ib
ARABIA
OMAN
Jiddah
Mecca
Red
Sea
Port Sudan
Abha
SUDAN
Jïzän
Salalah
Al Ghaydah
Omdurman
Khartoum
Kassala
Massawa
ERITREA
Sanaa
YEMEN
Al Mukallä
Arabian Sea
Wad
Madani
Asmara
Al Hudaydah
Ta'izz
Aden
Socotra
(YEMEN)
Gulf of Aden
DJIBOUTI
Djibouti
Boosaaso
Dese
Berbera
Scale 1:21,000,000
Lambert Conformal Conic Projection,
standard parallels 12°N and 38°N
Addis Ababa
Dire
Dawa
Hargeysa
SOMALIA
Golan Heights is Israeli-occupied Syria.
0
300 Kilometers
West Bank and Gaza Strip are Israeli-occupied with current
status subject to the Israeli-Palestinian Interim Agreement —
permanent status to be determined through further negotiation.
0
300 Miles
ETHIOPIA
Provisional
Administrative Line
Israel proclaimed Jerusalem as its capital in 1950, but the US, like
nearly all other countries, maintains its Embassy in Tel Aviv.
boundary representation is
not necessarily authoritative.
803339AI (G00412) 1-08

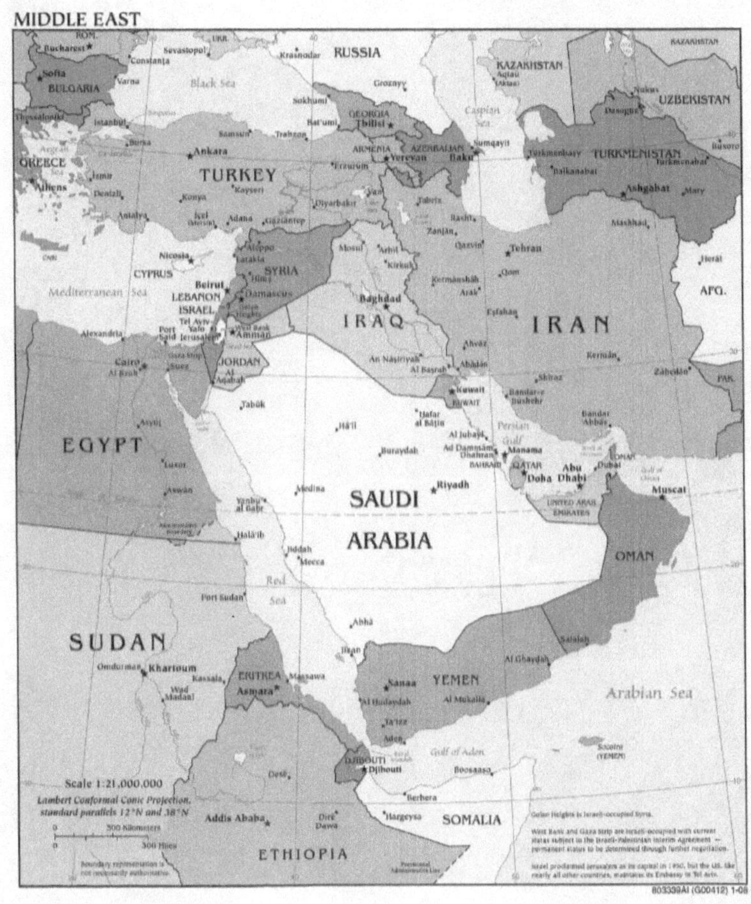

La Carte d'Israël après la Guerre des Six Jours de 1967

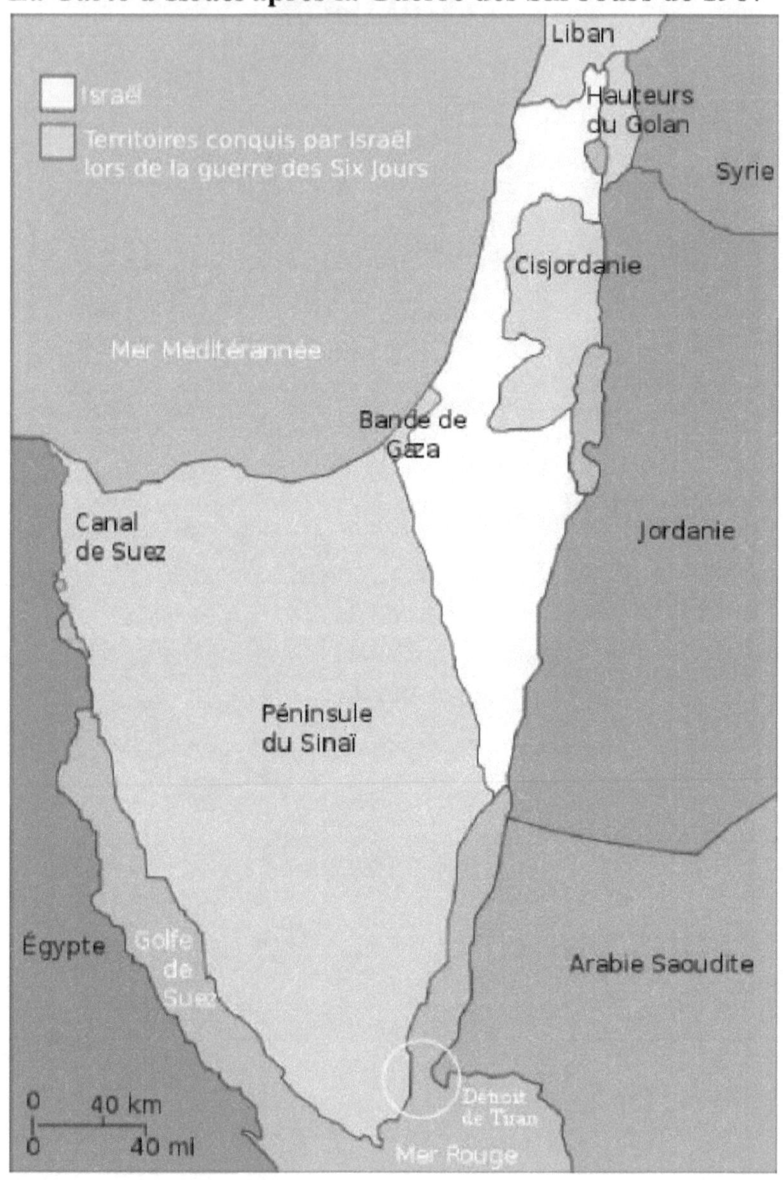

Chronologie de l'État d'Israël en cartes, 1947-2010

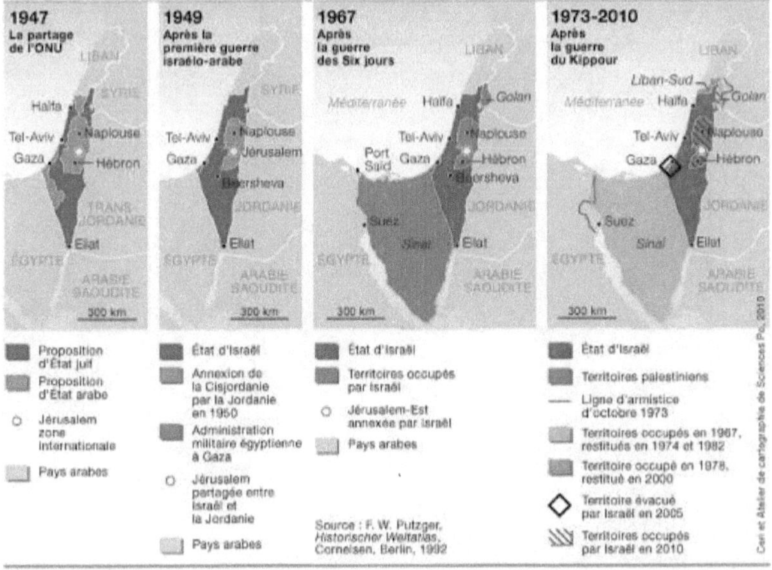

Prolégomène

Aucune partie du monde n'a été autant en proie à des guerres que le Moyen-Orient. Depuis l'Antiquité, ses principaux fleuves - le Nil, le Tigre et l'Euphrate — ont non seulement soutenu de grandes civilisations, mais son cœur — le Levant — ont également contribué à l'agriculture, à l'industrie, à l'apprentissage, à la science et à la technologie et au développement religieux, engendrant le judaïsme et le christianisme, avant l'avènement de l'Islam presque un millénaire après. Mais ce n'est qu'à la fondation d'Israël en 1948 que l'on put trouver au moins un pays de la région où la majorité de ses citoyens adhèrent à l'une des trois religions - le judaïsme retrouve sa domination en Israël; Le christianisme était dominant au Liban et l'islam continuait d'être très influent dans les autres pays du Moyen-Orient.

Cependant, quelque chose qui compliqua encore plus l'énigme du Moyen-Orient était la nature de la naissance ou de la renaissance d'Israël comme certains préféreraient appeler son indépendance le 14 mai 1948. Les pays Arabes voisins ont réagi à sa proclamation d'indépendance en déclarant la guerre à elle, résultant a ce que l'histoire appelle la première guerre israélo-arabe de 1948-1949. Elle s'est terminée par un armistice qui a vu Israël contrôler plus de terres que ce qui lui avait été initialement attribué par l'Organisation des Nations Unies; et il s'est terminé avec ce qui était censé être les terres d'un futur État pour les Arabes de l'ancienne colonie Britannique de Palestine — Cisjordanie et Gaza — sous le contrôle de facto de la Jordanie et de l'Égypte respectivement.

Dans la Troisième Guerre Israélo-Arabe de 1967, Israël capturait et occuperait la Cisjordanie depuis la Jordanie, le Plateau du Golan depuis la Syrie, et Gaza et la Péninsule du Sinaï depuis l'Égypte. Mais ce n'est qu'après la Guerre Israélo-Arabe de 1973 que les belligérants épuisés ont vu la nécessité de la paix. Mais ensuite, lorsque le président égyptien et héros de la guerre de 1973 et le héros israélien de la guerre de 1967 sont assassinés pour avoir tenté de permettre aux Arabes et aux Israéliens de vivre dans la paix, l'harmonie et la coopération, les experts sont mis au défi de donner un sens à la développements dans la région qui sont passés sous le radar. Quand nous prenons en compte le fait qu'il y a eu quatre Guerres Arabo-Israéliennes après la guerre de 1948-1949 (1956, 1967, 1973 et 1982) et que l'Israël a mené des guerres mineures contre des organisations au Liban et à Gaza; alors que nous observons la montée du fondamentalisme religieux et l'intolérance croissante entre les éléments radicaux des trois religions monothéistes, il devient évident que la région a cruellement besoin de paix, de stabilité, de tolérance et de progrès. Il est difficile de dire comment cela peut être réalisé avec les leçons des assassinats d'Anouar Sadate et d'Yitzhak Rabin encore fraîches dans l'esprit des habitants de la région.

Oui, des gens sont assassinés tous les jours, mais il y a des meurtres spéciaux qui ont une telle portée qu'ils résonnent dans tout un pays, des pays associés, des continents et même dans le monde entier, surtout si les meurtres ont des implications politiques ou religieuses, et surtout si les meurtres sont menées comme une attaque surprise contre une personne importante. Ces cas incluent souvent le meurtre d'un président, d'un Premier ministre, d'un roi, d'une icône d'un mouvement de libération ou d'autres dirigeants mondiaux qui influencent profondément le destin des gens. De tels meurtres sont considérés comme des assassinats.

L'assassinat d'une figure d'autorité est parfois si choquant et accablant qu'il déclenche ce que les psychologues appellent la mémoire flash de ceux qui connaissaient le dirigeant qui a été liquidé, en particulier les citoyens du pays dont le dirigeant était originaire. Ce sont souvent des gens qui admiraient cette figure inspirante, motivante, émulative et / ou éclairée comme la personne spéciale pour les sortir d'une impasse ou d'une situation déprimante vers un avenir qu'ils ne peuvent qu'imaginer ou qui n'a pas été clairement tracé, un avenir auquel ils croyaient tous fermement.

Ce qui est étonnant, c'est que ceux qui ont un profond attachement émotionnel à la personne assassinée ont tendance à se souvenir où ils se trouvaient et ce qu'ils faisaient quand ils ont appris la nouvelle du meurtre du leader.

Le désir des gouvernements et d'autres institutions de prévenir la perte forcée de la vie de leurs personnages historiques, afin d'éviter les traumatismes dans l'histoire de leur pays, a conduit certains de ces systèmes et institutions politiques à faire un effort supplémentaire pour protéger leurs dirigeants. Cela explique pourquoi la plupart des dirigeants politiques éminents ont aujourd'hui des gardes du corps personnels ou des services de sécurité élaborés autour d'eux pour dissuader les assassins potentiels ou un groupe d'assassins de nourrir l'idée ou de poursuivre un plan pour les tuer. Même ainsi, nous entendons encore parler d'assassinats de temps en temps.

Cependant, dans un monde qui semble plus fou qu'il ne l'était il y a plus de deux siècles; dans un monde ravagé par le fanatisme religieux, le nationalisme radical, les agendas secrets et la prolifération des armes; dans un monde qui est devenu connu pour l'information instantanée ou le partage de nouvelles par les médias imprimés, visuels et audio, l'humanité aurait connu un plus grand chaos s'il n'y avait pas eu de mesures accrues et améliorées pour assurer la sécurité des dirigeants. C'est pourquoi ces dernières années, nous avons connu moins de cas d'assassinats réussis avec une profonde réverbération dans le monde.

Ce qui nous amène à cette question.

Quels sont les cas réussis d'assassinats politiques au cours des deux derniers siècles et comment ont-ils modifié la trajectoire de l'histoire au point de se démarquer des autres meurtres?

Les récits ci-dessous présentent au lecteur un aperçu des

assassinats politiques néfastes qui non seulement blessent les personnes qui admirent ces héros dont la vie a été écourtée, mais qui ont entravé le développement positif de certaines sociétés, pays, continents et l'humanité dans son ensemble, au point d'altérer dans certains cas la trajectoire de l'histoire.

Introduction

Dans ma recherche de la raison pour laquelle certains points géopolitiques existent dans le monde, dans ma curiosité pour comprendre pourquoi certains pays et le monde en général ont connu des changements soudains et dramatiques qui ont conduit à la guerre, à l'instabilité ou à une réorientation de leur Des politiques nationales et étrangères qui ont non seulement affecté ces pays mais aussi influencé certaines régions ou le monde entier, j'ai exploré les assassinats politiques au cours des dizaines de décennies passées qui ont changé notre monde. Par notre monde, je veux dire nos communautés, pays, régions et l'humanité dans son ensemble.

En traitant les différents assassinats qui ont eu lieu au cours des années, j'ai utilisé une approche caractérisée par la sociologie politique, où j'ai analysé succinctement les facteurs historiques et sociaux qui ont conduit non seulement aux assassinats, mais aussi à l'assassinat de ces personnages historiques. Et à partir de ces facteurs, nous sommes présentés avec une idée ou des images de la façon dont la société affectée a évolué depuis le (s) événement (s) traumatique (s).

A partir des contrecoups qui ont suivi l'assassinat de personnages historiques, légendaires ou iconiques, nous pouvons apprendre quelque chose d'utile et proposer des scénarios ou des attentes en tant que calamités si des leaders particuliers sont assassinés, et agir ainsi en empêchant leurs assassinats.

Chapitre Un

Yitzhak Rabin

Yitzhak Rabin

Citations de Yitzhak Rabin

«Vous ne faites pas la paix avec des amis. Vous le faites avec des ennemis très peu recommandables.»

«Nous devons penser différemment, voir les choses d'une manière différente. La paix nécessite un monde de nouveaux concepts, de nouvelles définitions. »

«De toutes les mains du monde, ce n'était pas la main que je voulais ou rêvais de toucher,... Nous, les soldats revenus de la bataille tachés de sang, nous qui avons vu nos parents et amis tués sous nos yeux, nous qui avons assisté à leurs funérailles et ne pouvons pas regarder dans les yeux de leurs parents, nous qui sommes venus d'un pays où les parents enterrent leurs enfants, nous qui avons combattu contre vous, les Palestiniens — nous vous disons aujourd'hui d'une voix forte et claire: Assez de sang et de larmes. Assez… Le temps de la paix est venu.»

«Assez de sang et de larmes. Assez!»

«Une paix diplomatique n'est pas encore la paix réelle. C'est une étape essentielle dans le processus de paix menant à une paix réelle.»

«Il n'y a aucun moyen de trouver un terrain d'entente, même avec les meilleures intentions du monde. Notre politique la plus sensée est de caler.»

«J'ai considéré la prévention de la guerre comme le test de notre politique de sécurité; en plus de pouvoir mettre fin rapidement et avec force à toute guerre qui nous est imposée.»

«Je crois cependant que la paix est réalisable indépendamment de la mentalité, de la société ou du gouvernement des Arabe s.»

«Nous devons passer un an dans nos relations avec les États-Unis en marchant sur la pointe des pieds. Si nous réussissons l'année 1975 et que nous atteindrons 1976, nous gagnerons non pas un an mais deux.»

«Israël a un principe important: seul Israël est responsable de notre sécurité.»

«J'aimerais que Gaza sombre dans la mer, mais cela n'arrivera pas et une solution doit être trouvée.»

«Aucun dirigeant Arabe n'envisagera sérieusement le processus de paix tant qu'il pourra jouer avec l'idée d'obtenir davantage par la violence.»

«Nous ne nous reposerons pas tant que nous ne parviendrons pas à un accord permanent [avec les

Palestiniens] qui garantirait un avenir sûr à nos enfants et qui nous donnerait un espoir renouvelé de vivre dans une région où les gens mènent une vie de coopération et pas, Dieu nous en préserve, là où le sang est versé.»

«Cela ne vaut pas le papier sur lequel il est écrit à moins qu'il ne soit soutenu par le genre de force qui fera que l'autre partie jugera les sanctions trop lourdes pour rompre l'accord.»

«Nous avons tous été surpris de voir à quel point cela s'est déroulé sans heurts, par rapport à ce qui était attendu. Il a fallu du temps à la société Israélienne, 10 ans, pour devenir mûr pour une telle démarche.»

«Je crois que c'est de ma responsabilité en tant que Premier ministre d'Israël de faire tout ce qui peut être fait pour exploiter les opportunités uniques qui nous attendent pour avancer vers la paix. Tout ne peut pas être fait par un seul acte.»

Israël sur une Carte du Monde

Cartes de la Palestine, d'Israël et des Territoires Occupés au Fil du Temp

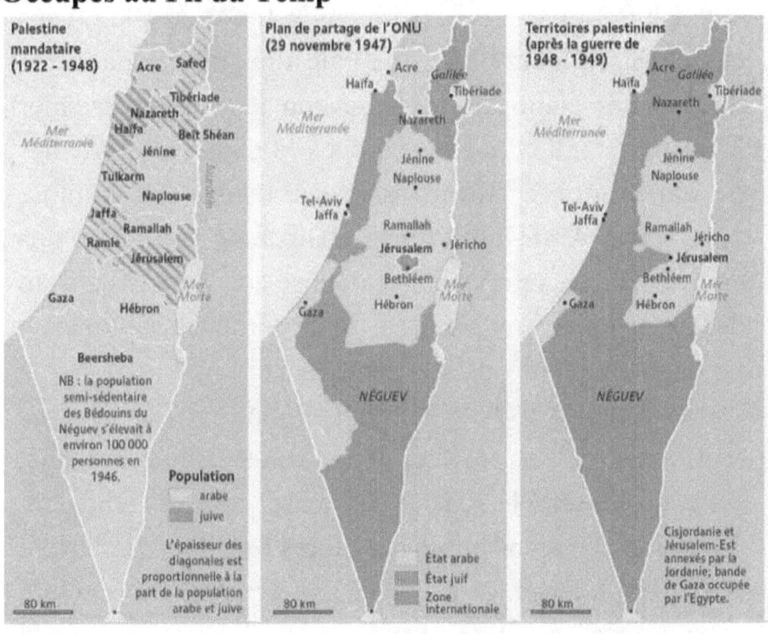

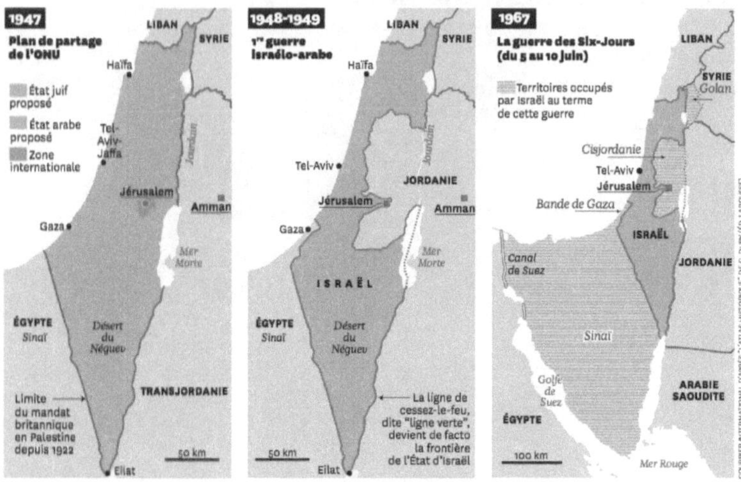

Yitzhak Rabin est né à Jérusalem le 1er Mars 1922, dans ce qui faisait alors partie de Palestine, un mandat de la Société des Nations, et est devenu le premier Premier Ministre Israélien qui est né dans le pays, et le premier de son histoire à être assassiné, le quand 4 Novembre 1995 Yigal Amir, un ultranationaliste de vingt-cinq ans et un fanatique religieux Juif opposé aux Accords d'Oslo de 1993, lui a tiré dessus à bout portant à la fin d'un rassemblement pro-paix organisé à Tel-Aviv.

Les Accords d'Oslo, auxquels s'opposent des groupes radicaux dans les sociétés Israélienne et Palestinienne, sont un ensemble d'accords entre le gouvernement d'Israël et l'Organisation de Libération de la Palestine (OLP) qui a lancé le processus de paix visant à conclure un traité de paix entre Israël et les Palestiniens sur la base des résolutions 242 et 338 du Conseil de sécurité des Nations Unies. Les accords d'Oslo devaient aboutir à la réalisation du «Droit du Peuple Palestinien à l'Autodétermination».

L'assassinat d'Yitzhak Rabin par le jeune fanatique Juif a inévitablement soulevé la question de savoir si les sacrifices qu'il était prêt à amener Israël à faire pour la réalisation de la paix avec les peuples Arabophones et les États Arabes voisins n'étaient pas trop pour la société Israélienne.

Yitzhak Rabin effectuait son deuxième mandat non consécutif en tant que Premier Ministre d'Israël avant son assassinat. Le mandat qui a débuté en 1992 devait se terminer en 1996, année où il était censé se faire réélire en tant que candidat du Parti Travailliste pour emmener la parti à la victoire aux élections générales cette année.

Considéré par de nombreux experts comme le plus grand stratège de tous les généraux de l'histoire d'Israël moderne et classé parmi les trois plus grands généraux d'Israël, le austère Yitzhak Rabin n'était pas seulement le premier Premier Ministre né dans le pays d'Israël, il était le deuxième à meurt au pouvoir après Levi Eshkol, et le seul Premier Ministre de l'histoire d'Israël qui a été assassiné.

Yitzhak Rabin est entré sur la scène politique Israélienne après la guerre de 1967 (Six jours) que l'Israël a remportée en six jours en mettant en déroute les armées d'Égypte, de Syrie et de Jordanie; et a capturé et a occupé leurs territoires. C'était une guerre qu'il a orchestrée en tant que 7e chef d'état-major des Forces de Défense Israéliennes (FDI ou Tsahal—*IDF* en Anglais). Il a ensuite occupé le poste d'ambassadeur d'Israël aux

États-Unis d'Amérique de 1968 à 1973, avant de devenir Premier ministre d'Israël de 1974 à 1977, marquant une étape fondamentale dans sa carrière de grand homme d'État.

En tant que cinquième Premier ministre d'Israël, il était respecté internationalement et était considéré comme un héros sacré par les partisans du mouvement pacifiste en Israël, qui le considéraient non seulement comme le général qui a sauvé Israël en temps de guerre, mais aussi en tant que leader du pays qui a entamé le processus de paix avec les Palestiniens.

Comment Yitzhak Rabin, le général, s'est-il transformé en artisan de paix?

La réponse commence dès sa naissance. Né au centre médical Shaare Zedek à Jérusalem d'immigrants Juifs ukrainiens de la troisième Aliyah — la troisième vague d'immigration Juive en Palestine en provenance d'Europe — ses parents s'éloignaient de la ville sainte peu de temps après sa naissance, faisant finalement de la nouvelle ville Juive laïque de Tel-Aviv leur nouvelle maison. C'est dans un foyer sioniste travailliste de cette ville côtière que le jeune Yitzhak a été élevé dès l'âge d'un an, en tant que Sabra ou Juif de naissance, à une époque et dans une société dont les enfants étaient fortement influencés par les idéaux sionistes de leurs parents et étaient fortement mobilisé à un très jeune âge pour contribuer à la réalisation de l'objectif d'une patrie pour les Juifs de Palestine conformément à la déclaration Balfour de 1917.

Le fils d'une mère qui était une figure centrale de la clandestinité Juive, le jeune Rabin apprendrait l'agriculture à Tel-Aviv dans les écoles Beit Hinuch Le Yaldei ha'Ovdim et Givat HaShlosha, avant de s'inscrire au prestigieux lycée agricole de Kadoorie en 1937. Mais c'était un an après son adhésion à l'organisation paramilitaire Juive de la Haganah, marquant le début de sa carrière militaire de 27 ans — en commençant comme soldat du Palmach (la force de combat d'élite de la Haganah — l'armée clandestine de la communauté Juive ou Yishouv en Palestine Britannique, qui est devenue le noyau de la future armée Israélienne après l'indépendance d'Israël le 14 Mai 1948 par David Ben Gurion, premier Premier ministre d'Israël).

Il s'est distingué dans les premiers stades de la Première Guerre Israélo-Arabe du 15 Mai 1948 à Mars 1949 en tant que commandant de brigade, puis a gravi les échelons des Forces de Défense Israéliennes (Tsahal - formé le 26 Mai 1948 à partir de la Haganah, et les groupes militants Irgun et Lehi) avant de devenir chef des opérations du Front Sud vers la fin de la guerre, une position qui lui a valu une place en tant que membre de la délégation Israélienne aux pourparlers d'armistice Israélo-Égyptiens tenus sur l'île de Rhodes aux États-Unis, qui a conduit aux accords d'armistice de 1949 qui ont mis fin à la première guerre Israélo-Arabe.

Carte de la Partition de la Palestine par les Nations Unies, de la Première Guerre Israélo-Arabe et de ses Conséquences

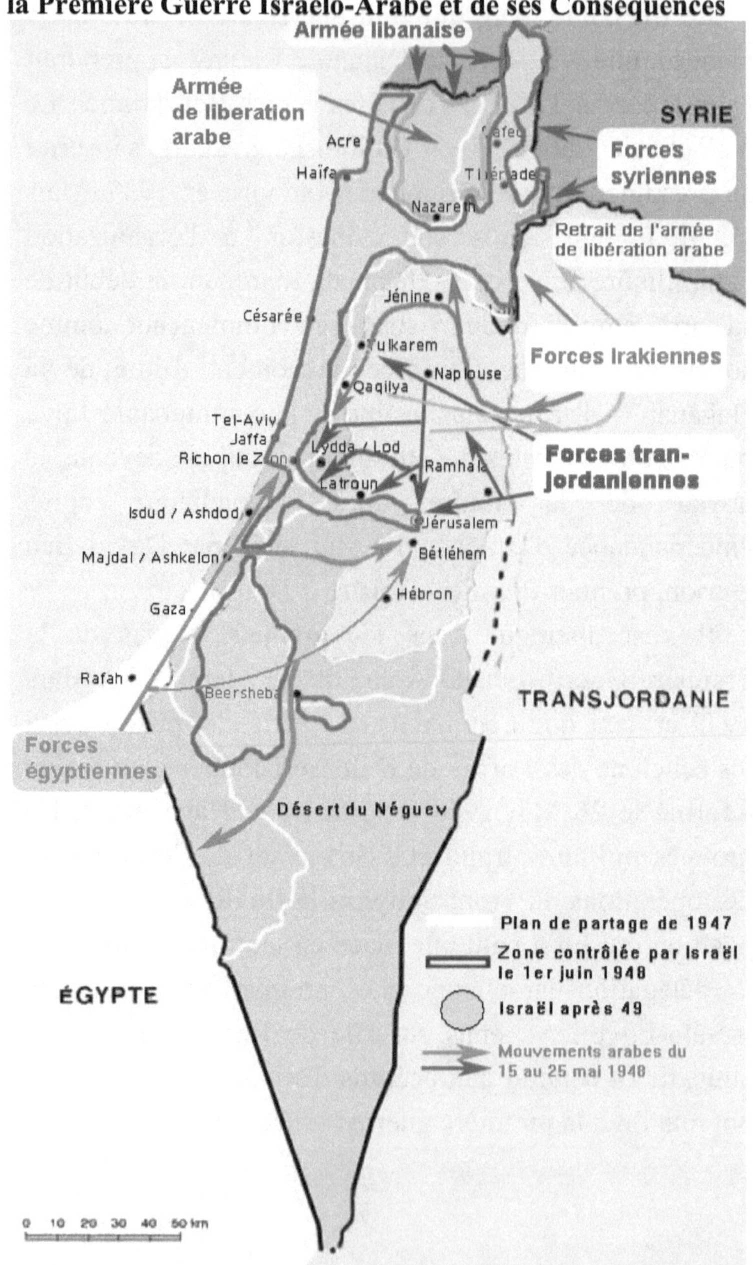

Yitzhak Rabin est entré dans les Forces de Défense Israéliennes (FDI) après la Première Guerre Israélo-Arabe ou la guerre d'indépendance d'Israël, en tant qu'ancien membre le plus âgé de Palmach qui est resté dans la nouvelle armée après la démobilisation d'après-guerre.

Ainsi, lorsque les Forces de Défense Israéliennes ont pénétré en Égypte, conquérant le Sinaï (une péninsule Égyptienne au Moyen-Orient, situé à travers l'Afrique de l'autre côté de la mer Rouge et du canal de Suez) en alliance avec la Grande-Bretagne et la France dans ce qu'on appelle la Crise de Suez du 29 Octobre 1956 au 7 Novembre 1956, mais qui est autrement appelé la Deuxième Guerre Israélo-Arabe, Yitzhak Rabin a joué un rôle central dans la planification et l'exécution de cette guerre par Israël.

Lorsque la pression politique des États-Unis d'Amérique a forcé les trois nations envahissantes à retirer leurs troupes, contrecarrant ainsi leurs objectifs de destituer le président Égyptien Gamal Abdel Nasser (il a nationalisé le Canal de Suez en Juillet 1956) et de reprendre le contrôle du Canal de Suez pour la Monde occidental, Rabin en est venu à comprendre pleinement le rôle des États-Unis d'Amérique dans les affaires mondiales. C'est alors qu'il s'est rendu compte de la nécessité pour Israël d'avoir les États-Unis d'Amérique fermement à ses côtés dans les efforts futurs qui auraient des implications de grande portée pour la nation naissante.

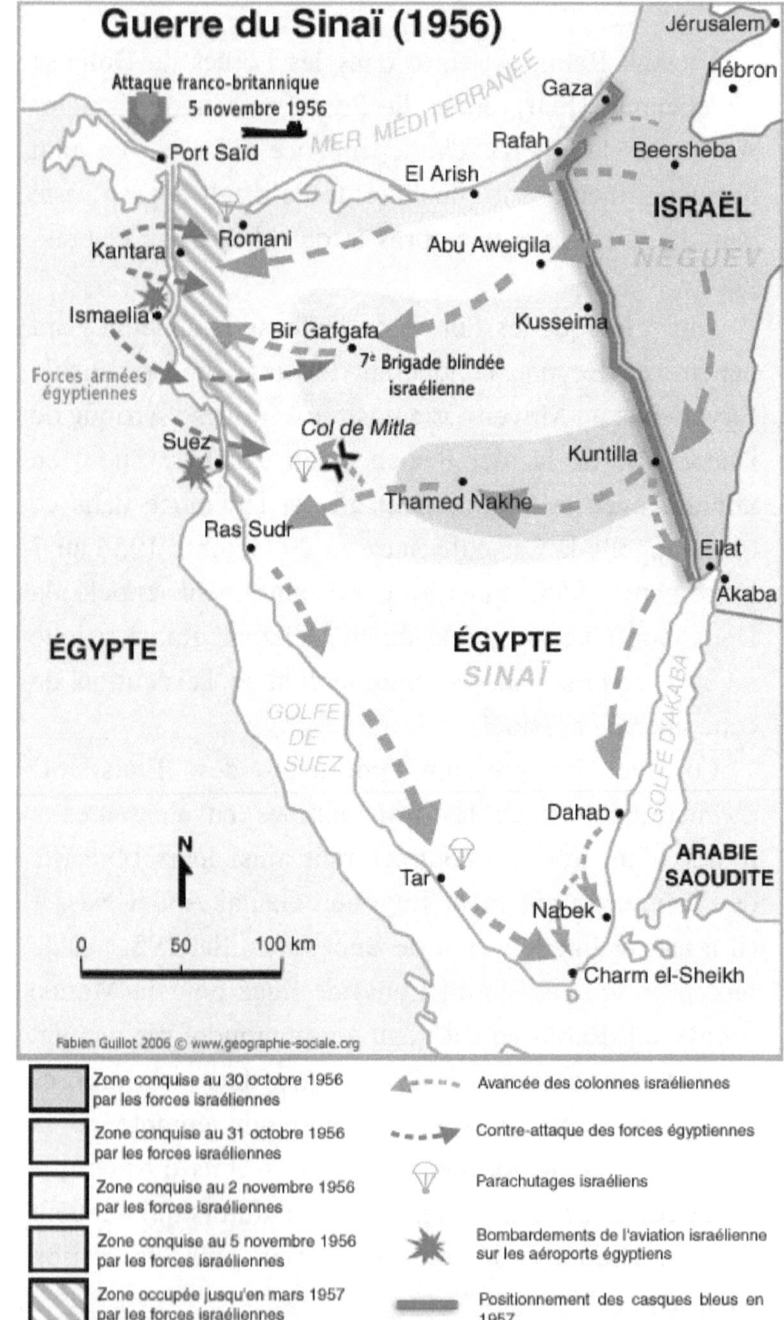
Guerre du Sinaï (1956)
Attaque franco-britannique
5 novembre 1956
MER MÉDITERRANÉE
Jérusalem
Hébron
Gaza
Rafah
Beersheba
Port Saïd
El Arish
ISRAËL
Kantara
Romani
Abu Aweigila
NEGUEV
Ismaelia
Kusseima
Bir Gafgafa
Forces armées
égyptiennes
7ᵉ Brigade blindée
israélienne
Col de Mitla
Kuntilla
Suez
Thamed Nakhe
Ras Sudr
Eilat
Akaba
ÉGYPTE
ÉGYPTE
SINAÏ
GOLFE
DE
SUEZ
GOLFE D'AKABA
N
Dahab
ARABIE
SAOUDITE
Tar
Nabek
0   50   100 km
Charm el-Sheikh
Fabien Guillot 2006 © www.geographie-sociale.org
Zone conquise au 30 octobre 1956
par les forces israéliennes
Avancée des colonnes israéliennes
Zone conquise au 31 octobre 1956
par les forces israéliennes
Contre-attaque des forces égyptiennes
Zone conquise au 2 novembre 1956
par les forces israéliennes
Parachutages israéliens
Zone conquise au 5 novembre 1956
par les forces israéliennes
Bombardements de l'aviation israélienne
sur les aéroports égyptiens
Zone occupée jusqu'en mars 1957
par les forces israéliennes
Positionnement des casques bleus en
1957

****

La fortune d'Yitzhak Rabin dans l'armée a augmenté le plus rapidement après que David Ben Gourion ait quitté la scène politique Israélienne en 1963 en démissionnant de ses fonctions de Premier ministre et en faisant de Levi Eshkol son successeur. Rabin le général s'est distingué encore plus dans l'armée Israélienne après sa nomination au poste de chef de l'état-major général en 1964, alors qu'il supervisait les changements dans l'armée qui ont conduit à la victoire d'Israël dans la guerre des Six jours de 1967, même si le ministre de la Défense Moshe Dayan en a obtenu la majeure partie du crédit.

La victoire des Forces de Défense Israéliennes (FDI) sur les armées de l'Égypte, de la Jordanie et de la Syrie, ainsi que la prise de la péninsule du Sinaï et de la bande de Gaza, de la Cisjordanie et de Jérusalem-Est et du Plateau du Golan de ces pays, respectivement, ont augmenté le territoire Israélien plus de trois fois et a renforcé la fierté et la confiance de l'Etat Juif à des hauteurs inimaginables. Les meilleurs militaires sont devenus des célébrités à part entière.

La Carte d'Israël après la Guerre des Six Jours de 1967

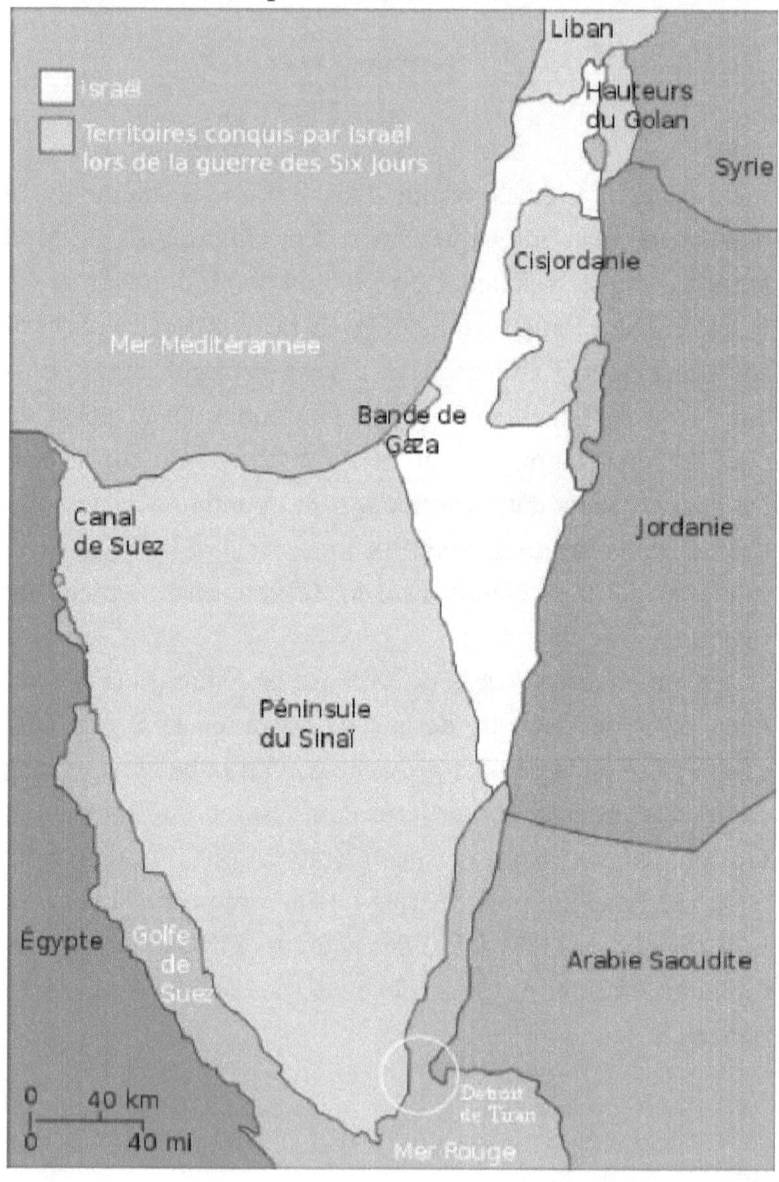

C'est dans cette gloire que Rabin a pris sa retraite de Tsahal et est entré en politique. Le gouvernement du 3e Premier

Ministre Israélien Levi Eshkol a exploité sa renommée et l'a nommé ambassadeur d'Israël aux États-Unis d'Amérique en 1968. Le mandat d'Yitzhak Rabin en tant qu'ambassadeur d'Israël aux États-Unis de 1968 à 1973 a été une période d'approfondissement des États-Unis. Des liens Israéliens que même la mort de Levi Eshkol le 26 Février 1969 n'a jamais ralenti. Et Yitzhak Rabin obtient le crédit bien mérité pour le renforcement des relations Américano-Israéliennes, qui se sont avérées particulièrement utiles pendant la Guerre du Kippour du 6 au 25 Octobre 1973, autrement connue sous le nom de Troisième Guerre Israélo-Arabe, car il a obtenu des fournitures militaires qui a aidé Israël à éviter la défaite aux mains d'une coalition d'États Arabes dirigée par l'Égypte et la Syrie.

La Guerre du Kippour de 1973

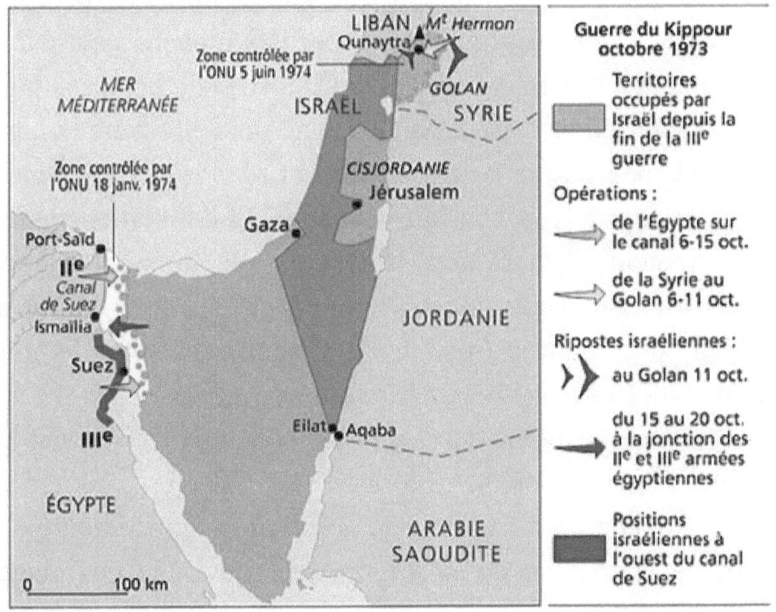

Rabin est rentré des États-Unis en Israël et a été nommé Premier ministre du pays en 1974, à la suite de la démission du successeur de Levi Eshkol, Golda Meir, dont la direction a été largement accusée des revers subis par les Forces de Défense Israéliennes pendant les premiers jours de la guerre du Yom Kippour lorsque les armées Égyptienne et Syrienne ont fait des gains dans la péninsule du Sinaï et sur le Plateau du Golan au début de la guerre. C'était avant qu'ils ne soient repoussés par une contre-attaque Israélienne vers et au-delà des lignes de cessez-le-feu d'avant-guerre, et jusqu'à ce qu'un deuxième cessez-le-feu convenu par les États-Unis d'Amérique et l'Union Soviétique a été imposée aux parties belligérantes, entraînant ainsi un mettre fin à la guerre.

Le premier fait marquant des premières années d'Yitzhak Rabin comme Premier Ministre d'Israël a été la signature de l'Accord intérimaire du Sinaï par l'Égypte et Israël le 4 Septembre 1975, qui stipulait que leur conflit «ne sera pas résolu par la force militaire mais par des moyens pacifiques. … », Et qui a également appelé Israël à faire de la place« pour un nouveau retrait dans le Sinaï et une nouvelle zone tampon de l'ONU ». L'accord a non seulement renforcé l'engagement des deux pays à respecter la résolution 338 des Nations Unies pour résoudre l'occupation Israélienne de la péninsule du Sinaï, il a également ouvert la voie à un éventuel accord de paix en nourrissant les relations diplomatiques entre l'Égypte, Israël et les États-Unis d'Amérique.

Le deuxième point culminant de son premier mandat de Premier ministre a été son ordre du raid d'Entebbe, autrement appelé «opération Entebbe» ou «opération Thunderbolt». Il s'agit de la réussite de la mission de sauvetage des otages contre-terroriste et à longue portée menée par les commandos de Tsahal qui a libéré 248 passagers de l'avion de ligne Airbus A300 d'Air France, dont la plupart étaient des Israéliens détenus en otages à l'aéroport d'Entebbe, Ouganda (un pays enclavé d'Afrique centrale orientale), par deux membres du Front Populaire pour la Libération de la Palestine — Opérations extérieures (FPLP-EO) et par deux membres des Cellules révolutionnaires (l'un des groupes terroristes de gauche les plus dangereux d'Allemagne), qui travaillaient tous ensemble.

Rabin démissionnerait de ses fonctions le 8 Avril 1977, puis se retirerait de la direction du parti et de la candidature au poste de Premier Ministre pour les prochaines élections législatives. C'était à la suite du scandale financier de 1977, qui découlait des révélations selon lesquelles il avait enfreint la réglementation Israélienne sur les devises en tenant des comptes bancaires étrangers sans autorisation préalable, même s'il avait ouvert les comptes dans une banque de Washington, DC pendant les années où il travaillait aux États-Unis d'Amérique en tant qu'ambassadeur d'Israël (1968-1973), et même si les deux comptes ne contenaient que dix mille dollars.

****

Le parti d'opposition Likoud sous Menachem Begin remporterait les élections législatives Israéliennes de Mai 1977, et le parti travailliste se retrouverait dans l'opposition pour la première fois dans l'histoire Israélienne. C'est ainsi qu'Yitzhak Rabin s'est retrouvé à l'écart alors que le nouveau gouvernement Menachem Begin, soutenu par le héros de la guerre de Yom Kippour en 1973, Ariel Sharon, négociait et signait les accords de Camp David parrainés par les États-Unis avec le président Égyptien Anouar Sadate, conduisant ainsi à un règlement pacifique de la branche Égypto-Israélienne du conflit Israélo-Arabe. Sous l'égide du 39e président des États-Unis Jimmy Carter, l'accord sera suivi six mois après par la signature du traité de paix Égypte-Israël le 26 Mars 1979. Le traité a conduit à:

- une percée dans les relations entre l'Égypte et Israël grâce à une reconnaissance mutuelle qui a fait de l'Égypte le premier pays du monde Arabe à reconnaître l'existence d'Israël.

- une normalisation des relations entre Israël et l'Égypte.

- la fin de l'état de guerre de trois décennies entre Israël et l'État le plus peuplé du monde Arabe.

- le retrait total et complet de toutes les forces militaires et de sécurité Israéliennes de la péninsule du Sinaï.

L'Égypte, pour sa part, a accepté de faire de la péninsule du Sinaï une zone démilitarisée avec un ensemble de règles convenues sur la gestion de la nécessité d'une sécurité accrue dans la région.

Le fait que le Parti Travailliste soit maintenant dans

l'opposition n'a pas dissuadé Yitzhak Rabin de jouer un rôle actif dans la politique Israélienne. Il a traîné dans les couloirs du pouvoir après sa démission en tant que membre de la Knesset et en siégeant à la commission des affaires étrangères et de la défense jusqu'en 1984. En fait, il a été ministre de la défense d'Israël de 1984 à 1990 dans le gouvernement d'unité nationale dirigés par les premiers ministres Yitzhak Shamir et Shimon Peres, y compris les années de la première Intifada — qui a été intense de 1987 à 1991 et provisoire de 1991 à 1993.

La Première Intifada a été une série incessante de manifestations Palestiniennes et de violentes émeutes contre l'occupation Israélienne de la bande de Gaza et de la Cisjordanie depuis deux décennies, capturées respectivement par l'Égypte et la Jordanie lors de la guerre des Six jours. C'est au cours de la deuxième année de l'Intifada, après s'être entretenu avec des Palestiniens de différents horizons, qu'il a conclu que le conflit avec les Palestiniens ne pouvait être résolu que par des moyens politiques. Il a brièvement exposé cela à un intervieweur en 1989 dans les mots suivants: *«La solution ne peut être que politique.»*

Cependant, la phase historique de la carrière politique d'Yitzhak Rabin a commencé en 1992, lorsqu'il a été réélu Premier ministre d'Israël sur une plate-forme pour embrasser le processus de paix Israélo-Palestinien. La Conférence de paix de Madrid du 30 Octobre au 1er Novembre 1991, organisée par l'Espagne et parrainée par les États-Unis d'Amérique et l'Union soviétique, dans le cadre d'un effort de la communauté internationale pour relancer le processus de paix entre Israël et les Palestiniens, aussi bien que entre Israël et d'autres pays Arabe s, comme la Jordanie, le Liban et la Syrie, ont déclenché une dynamique sur laquelle Rabin s'est engagé à s'appuyer. Il pensait que les conditions étaient réunies dans la région pour faire la paix quand, le 13 Juillet 1992, il a déclaré ce qui suit à la Knesset Israélienne (Parlement): *«Dans la réalité actuelle, il n'y a que deux options: soit un effort sérieux sera fait pour faire la paix avec la sécurité...ou que nous vivrons pour toujours par l'épée. »*

Il s'appuierait sur ses mots et ouvrira la voie à une recherche de la paix officielle, initiative à partir de laquelle les accords d'Oslo sont nés le 13 Septembre 1993. C'est ainsi que la perspective d'une paix globale a émergé pour la première fois au Moyen-Orient.

Yitzhak Rabin, le général d'Israël qui a orchestré la guerre la plus réussie de l'histoire d'Israël a convaincu le monde qu'il était devenu un ardent défenseur de la paix entre Israël et le monde Arabe   lors d'un discours qu'il a prononcé au Congrès Américain le 26 Juillet 1994 en présence de Roi de Hussein bin Talal de Jordanie, États-Unis. Le président Bill Clinton et les législateurs s'y sont réunis lorsqu'il a déclaré:

«Moi, numéro d'identification militaire 30743, général à la retraite des Forces de Défense Israéliennes dans le passé, je me considère aujourd'hui comme un soldat de l'armée de la paix. Moi qui ai servi mon pays pendant 27 ans en tant que soldat, je vous le dis, à Votre Majesté, le roi de Jordanie, je vous le dis, nos amis américains:

aujourd'hui nous nous engageons dans une bataille qui n'a ni mort ni blessé , pas de sang et pas d'angoisse. C'est la seule bataille qui soit un plaisir à mener – la bataille pour la paix.»

Donc, cela n'a pas été une surprise quand le 14 Octobre 1994, Yitzhak Rabin a remporté le prix Nobel de la paix 1994, avec son rival politique de longue date du Parti travailliste Shimon Peres et le dirigeant Palestinien Yasser Arafat. Lorsque le 26 Octobre 1994, un an après les accords d'Oslo, Israël a signé un traité de paix avec le Royaume hachémite de Jordanie et Rabin a serré la main de son roi sous le règne duquel il avait dirigé la prise de la Cisjordanie de la Jordanie en 1967, le monde est devenu optimiste qu'il conduirait Israël à réaliser la paix globale au Moyen-Orient. En fait, tout en progressant vers un règlement définitif avec les Palestiniens, Rabin visait également un règlement de paix avec les Syriens sur le Plateau du Golan que l'Israël a capturé de la Syrie lors de la guerre de 1967. Confiant quant aux perspectives de paix, il a déclaré à un auditoire lors d'une conférence du prix Nobel le 10 Décembre 1994:

«Il n'y a qu'un moyen radical de sanctifier les vies humaines. Pas de placage blindé, ni de réservoirs, ni d'avions, ni de fortifications en béton. La seule solution radicale est la paix. »

Les forces déterminées à détruire le processus de paix Israélo-Palestinien semblaient imparables en 1995 alors que le groupe militant Palestinien Hamas menait une campagne implacable d'attentats suicides contre les Israéliens et que les forces de droite en Israël faisaient campagne contre le Premier ministre Israélien, appelant à son éviction et la fin du processus de paix. Lorsqu'il a dit que «Nous devons combattre le terrorisme comme s'il n'y avait pas de processus de paix, et travailler pour parvenir à la paix comme s'il n'y avait pas de terreur…», il ne faisait que réitérer sa détermination à conclure un accord de paix avec les Palestiniens malgré les attaques terroristes des groupes extrémistes Palestiniens.

Certains en Israël et dans le reste du monde ont dû voir son assassinat venir lorsque Yigal Amir l'a abattu à plusieurs reprises le 4 Novembre 1995 à 21h30, à la fin d'un rassemblement en faveur des Accords d'Oslo à la Place des Rois d'Israël à Tel-Aviv. Il est décédé sur la table d'opération des suites d'une grave perte de sang et d'une perforation du poumon dans les 40 minutes après avoir été abattu par Yigal Amir, à peine une heure après avoir renforcé la foi du Camp de la Paix en Israël avec ces mots mémorables:

«J'ai été militaire pendant vingt-sept ans. J'ai combattu tant qu'il n'y avait aucune perspective de paix. Aujourd'hui, je crois qu'il y a des perspectives de paix, de grandes perspectives. Nous devons en profiter pour le bien de ceux qui sont ici et pour ceux qui ne sont pas ici. Et ils sont nombreux parmi notre peuple."

Les funérailles et l'enterrement d'Yitzhak Rabin ont eu lieu le 6 Novembre 1995 au cimetière du mont Herzl à Jérusalem, où il a été inhumé. Les cérémonies ont été suivies par des centaines de dirigeants mondiaux, dont quelque 80 chefs d'État.

****

Yitzhak Rabin, le soldat remarquable qui est devenu un champion de la paix, est devenu un symbole du processus de paix Israélo-Palestinien depuis sa mort des balles tirées par un assassin opposé à la nature de la paix entre Israéliens et Palestiniens, que le grand général Israélien et homme d'État avait embrassé.

Aujourd'hui, il n'y a pas d'accord de paix définitif entre Israël et les territoires Palestiniens. Israël a été détourné par ses forces politiques de droite qui contrôlent maintenant le gouvernement et l'armée; Le Hamas dirige maintenant Gaza, et l'Autorité Palestinienne se trouve dans un état d'impuissance avec le contrôle de près de la moitié du territoire Palestinien de Cisjordanie.

À l'étranger, il y a des rues et les places portent le nom du Premier ministre Israélien assassiné dans les villes allemandes de Bonn et Berlin; dans les villes américaines de Chicago, Miami et New York; dans la capitale espagnole de Madrid et dans la ville Ukrainienne d'Odessa. Son nom est bien en vue dans les parcs de la ville Canadienne de Montréal, de la capitale Française de Paris, de la capitale Italienne de Rome et de la ville Péruvienne de

Lima.

En Israël, les ponts, les parcs, les quartiers, les écoles, les rues, les complexes administratifs, les centrales électriques, les synagogues et les postes frontaliers portent le nom d'Yitzhak Rabin. Une bibliothèque et un centre de recherche appelé le Centre Yitzhak Rabin ont été construits à la mémoire du Premier ministre Israélien assassiné. Son nom est honoré dans la musique, les timbres postaux, les Forces de Défense Israéliennes (FDI) et dans les centres d'enseignement supérieur en Israël et à l'étranger. La commémoration du jour de l'assassinat d'Yitzhak Rabin en tant que jour du souvenir officiel est considérée par la plupart des Israéliens comme la plus haute reconnaissance de son importance dans l'histoire d'Israël. Ainsi, lorsqu'en 2005, il a reçu à titre posthume le prix Dr. Rainer Hildebrandt pour les droits de l'homme qui est décerné chaque année à ses lauréats en reconnaissance de leur engagement extraordinaire et non violent envers les droits de l'homme, beaucoup de gens n'en ont pas été surpris.

Il y a une école de pensée selon laquelle si Yitzhak Rabin n'avait pas été assassiné, il aurait remporté les prochaines élections générales et aurait utilisé son nouveau mandat pour conclure un accord de paix définitif avec l'Autorité Palestinienne sous son président Yasser Arafat, apportant ainsi la paix à la Moyen-Orient et saper les groupes islamiques radicaux dans un processus qui aurait empêché:

- les attentats terroristes du 11 Septembre 2001 aux États-Unis

- la guerre contre le terrorisme qui en a résulté qui a

vu les États-Unis envahir l'Afghanistan et l'Irak

- la guerre entre le Hamas et l'Autorité Palestinienne qui a conduit à la prise de Gaza par le Hamas

- le printemps Arabe

- les guerres civiles en Libye et au Yémen

- la montée en puissance des organisations militaires et politiques terroristes, inspirées de l'idéologie jihadiste salafiste, connue sous le nom d'État islamique (EI), mais aussi appelée État islamique d'Irak et de Syrie (ISIS) ou Daech en Arabe

- et la guerre civile en Syrie.

Une autre école de pensée soutient que Yasser Arafat aurait déçu Yitzhak Rabin. Ce groupe est convaincu que le dirigeant Palestinien n'a jamais eu l'intention de conclure une paix définitive avec Israël. Le principal partisan de cette opinion est Ehud Barak qui, en tant que Premier ministre Israélien du 6 Juillet 1999 au 7 Mars 2001, est arrivé au pouvoir en s'engageant à réaliser le rêve de Rabin en concluant la paix entre Israël et les Palestiniens. Ehud Barak a blâmé Yasser Arafat pour l'échec du Sommet de Camp David de 2000, qui était censé apporter une résolution finale au conflit Israélo-Palestinien, affirmant que Yasser Arafat n'avait jamais eu l'intention de parvenir à un accord sur les questions de statut final concernant:

- L'arrangements de sécurité entre Israël et le futur État Palestinien

- Les colonies Juives dans les territoires Palestiniens occupés de Cisjordanie et de Gaza dans ce qui allait devenir un État Palestinien
- Le Mont du Temple de Jérusalem, autrement appelé Haram esh-Sharif par les Musulmans, qui est considéré comme le site le plus sacré du Judaïsme et le troisième site le plus sacré de l'Islam
- Le réfugiés et droit des Palestiniens au retour en Israël
- et Jérusalem (la nature de sa partition et de sa souveraineté)

L'Esplanade des Mosquées, connu en Arabe sous le nom de Bayt al-Maqdis ou al-Ḥaram aš-Šarīf signifiant «Noble Sanctuaire», et par les Juifs sous le nom de Mont du Temple, se compose du Dôme du Rocher, la Mosquée al-Aqsa, et à droite en contrebas de l'esplanade est le Mur Occidental

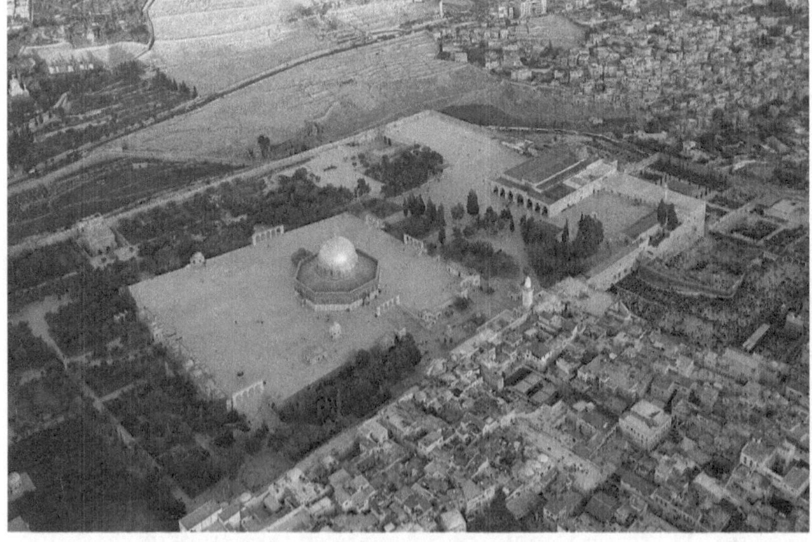

L'échec du sommet de Camp David, les incitations

Palestiniennes et la visite du chef de l'opposition Israélienne du Likoud, Ariel Sharon, le 28 Septembre 2020, au complexe du Mont du Temple (qui est le site du Dôme du Rocher et de la mosquée al-Aqsa), visaient à affirmer la souveraineté Israélienne sur le lieu saint, a déclenché des émeutes Palestiniennes qui ont déclenché la deuxième Intifada.

C'est à la faveur de la deuxième Intifada autrement appelée Intifada Al-Aqsa qu'Ariel Sharon a mis à contribution les sentiments de durcissement et les préoccupations croissantes en matière de sécurité en Israël et a vaincu le chef du gouvernement Israélien en exercice Ehud Barak lors des élections du 6 Février 2001 au poste de Premier ministre. La Seconde Intifada prendrait fin le 8 Février 2005, à peine trois mois après la mort de Yasser Arafat le 11 Novembre 2004.

Israël sous sa Premier ministre intransigeant Ariel Sharon retirerait tous les colons Juifs et les militaires israéliens de la bande de Gaza, le groupe militant palestinien Hamas se débarrasserait de l'Autorité palestinienne dans la bande de Gaza lors du conflit militaire du 10 Juin 2007 et du 15 Juin 2007 qui a opposé le Hamas et les forces du Fatah. Cela faisait suite à la lutte pour le pouvoir entre les deux après que le Fatah ait perdu les élections législatives de 2006 dans la bande de Gaza au profit du Hamas. La prise de contrôle de la bande de Gaza par le Hamas a provoqué l'effondrement du gouvernement d'unité palestinienne, de sorte que les territoires palestiniens sous contrôle palestinien sont désormais divisés en deux entités de facto — la bande de Gaza sous le contrôle du Hamas et la Cisjordanie gouvernée par l'Autorité nationale Palestinienne dirigée par le Fatah.

Même si la gauche n'est jamais revenue au pouvoir en

Israël depuis 2001, même si Israël a construit une barrière en Cisjordanie pendant la deuxième Intifada au motif qu'il était nécessaire de mettre un terme à la vague d'assassinats politiques en Israël par les Palestiniens de la Cisjordanie, et même si d'autres plans de paix n'ont pas abouti à un traité de paix entre Israël et les Palestiniens, le rêve de Rabin de faire la paix avec le monde Arabe   ferait un pas en avant lorsque, le 13 Août 2020, la médiation des États-Unis a conduit les Émirats Arabes unis (EAU) à normaliser leurs relations avec Israël en concluant la '«Pacte de paix des Accords d'Abraham: Traité de paix, Relations Diplomatiques et Normalisation Complète entre les Émirats Arabes Unis et l'État d'Israël», autrement appelé «Accords d'Abraham». L'accord a été suivi par la signature d'un traité de paix entre Israël et les Émirats Arabes Unis le 15 Septembre 2020, faisant des Émirats Arabes Unis le troisième pays du monde Arabe   après l'Égypte et la Jordanie à conclure la paix avec Israël et à coopérer avec lui sur des sujets économiques, diplomatie et sur d'autres fronts.

Yitzhak Rabin, le Sabra qui a servi la terre de sa naissance et de son pays toute sa vie en tant que soldat, homme politique et homme d'État, aurait pu contraindre Yasser Arafat à surmonter ses inhibitions intérieures et à faire les sacrifices pour la paix qui auraient réalisé un État Palestinien indépendant; et Yitzhak Rabin avait la confiance, le respect et la crainte du monde Arabe , affirment certains experts. Quelle que soit la spéculation, le garçon timide qui est devenu l'un des plus grands chefs militaires d'Israël et le centre de son long voyage vers la paix avec ses voisins Arabes et Musulmans, sera à jamais pleuré par ceux qui rêvent de paix entre Israël et les Arabes et le monde Musulman.

Yitzhak Rabin d'Israël, Bill Clinton des Etats-Unis et le Leader Palestinien Yasser Arafat lors de la signature des Accords d'Oslo

Yitzhak Rabin d'Israël et le roi Hussein de Jordanie

Chapitre Deux

Anwar el-Sadate

Citations d'Anwar el-Sadate

«La paix est beaucoup plus précieuse qu'un terrain ... il ne devrait plus y avoir de guerres.»

« Celui qui ne peut pas changer le tissu même de sa pensée ne pourra jamais changer la réalité.»

« Il ne peut y avoir d'espoir que pour une société qui agit comme une grande famille, et non comme autant de familles séparées.»

« La plupart des gens cherchent ce qu'ils ne possèdent pas et sont asservis par les choses mêmes qu'ils veulent acquérir.»

« La peur est, je crois, un outil très efficace pour détruire l'âme d'un individu, et l'âme d'un peuple.»

«Une grande souffrance a un côté positif pour lequel nous pouvons être reconnaissants, car elle construit un être humain et le met à la portée de la connaissance de soi.»

« Ce [fondamentalisme] n'est pas une religion. C'est de l'obscénité. Ce sont des mensonges, l'utilisation criminelle du pouvoir religieux pour égarer les gens.»

« Il n'y a pas de bonheur pour les gens au détriment des autres.»

« Je crois que pour la paix, un homme peut, même devrait, faire tout ce qui est en son pouvoir. Rien dans ce monde ne peut être plus haut que la paix.»

«Si vous n'avez pas la capacité de changer vous-même et vos propres attitudes, alors rien autour de vous ne peut être changé.»

«Les Russes peuvent vous donner des armes, mais seuls les Etats-Unis peuvent vous donner une solution.»

« Je ne me soucie pas du succès socialement reconnaissable. Je ne valorise que ce succès que je peux ressentir en moi, qui me satisfait et qui découle essentiellement de la connaissance de soi.»

« Aimer signifie donner, et donner des moyens pour construire, tandis que haïr c'est détruire.»

« J'ai été élevé à croire que la façon dont je me voyais était plus importante que la façon dont les autres me voyaient.»

« Qu'il n'y ait plus de guerre ni d'effusion de sang entre Arabes et Israéliens. Qu'il n'y ait plus de souffrance ni de déni de droits. Qu'il n'y ait plus de désespoir ni de perte de foi.»

« Le vrai succès est le succès avec soi-même. Ce n'est pas en ayant des choses, mais en ayant la maîtrise, en ayant la victoire sur soi.»

« La foi signifie qu'un homme devrait considérer n'importe quelle catastrophe simplement comme un coup déterminé par le sort qui doit être enduré.»

« J'ai été élevé à croire que la façon dont je me voyais était plus importante que la façon dont les autres me voyaient.»

« Seulement quand il a cessé d'avoir besoin de choses, un homme peut vraiment être son propre maître et ainsi exister réellement.»

« Il n'y a pas de bonheur pour les gens au détriment des autres.»

« La terre est immortelle, car elle abrite les mystères de la création.»

« Que chaque fille, chaque femme, que chaque mère ici [en Israël]   —   et là bas dans mon pays [l'Egypte]   — sachent que nous résoudrons tous nos problèmes par la négociation autour de la table plutôt que par le déclenchement d'une guerre. »

L'Egypte sur la Carte du Monde

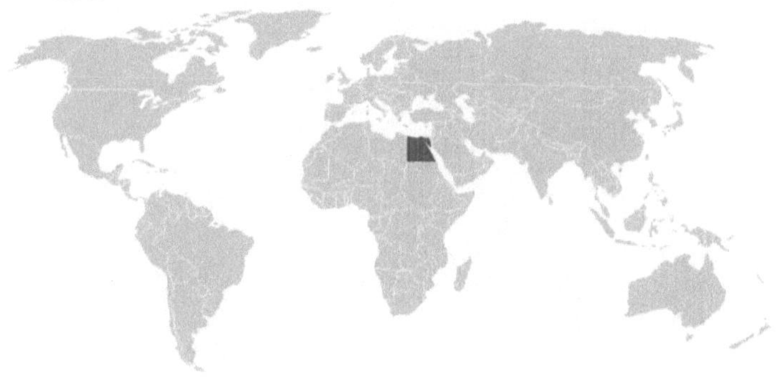

L'Egypte sur la Carte du Monde Arabe

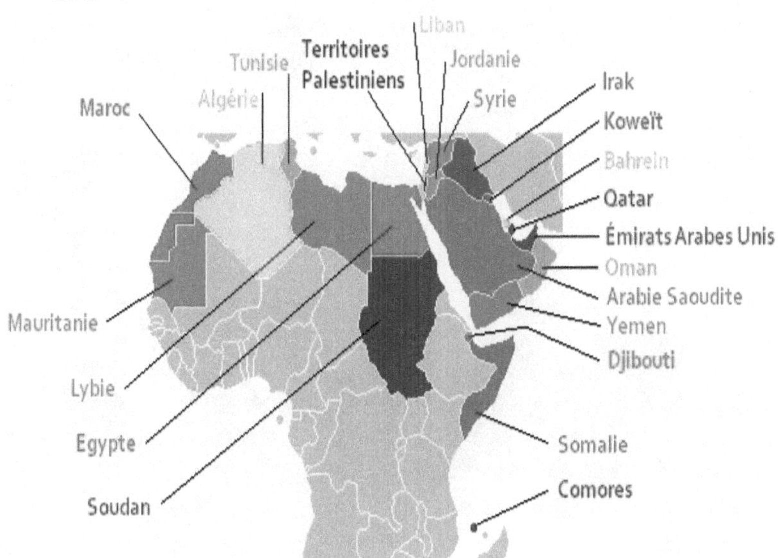

L'Egypte sur la Carte de l'Afrique

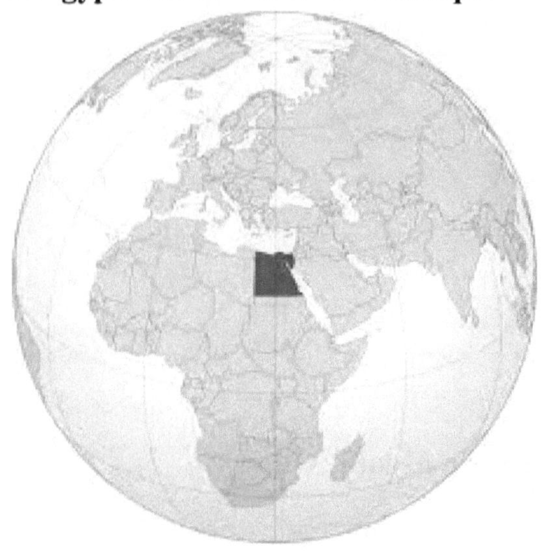

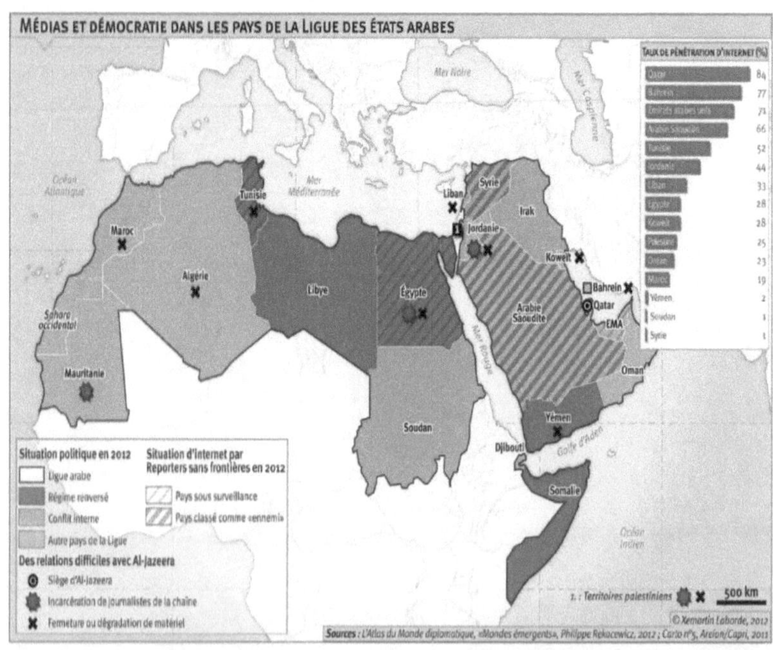

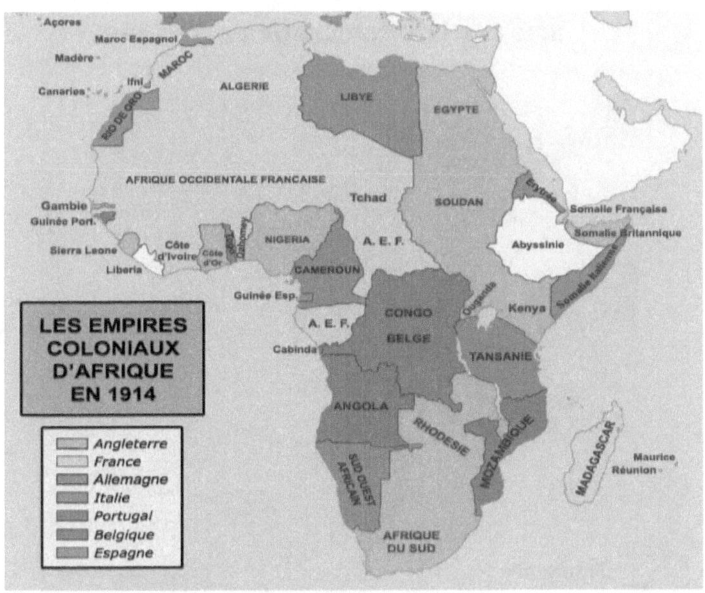

La Carte Politique de l'Afrique

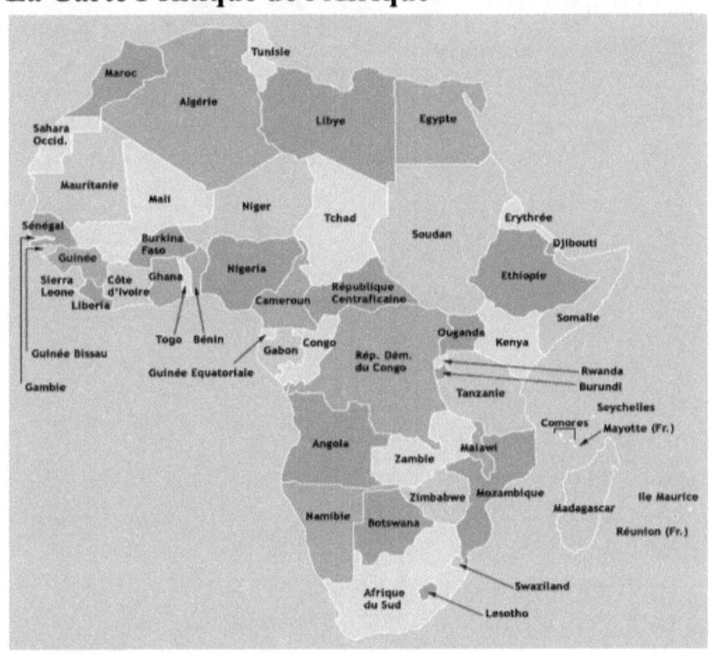

Carte sur la Démocratie en Afrique

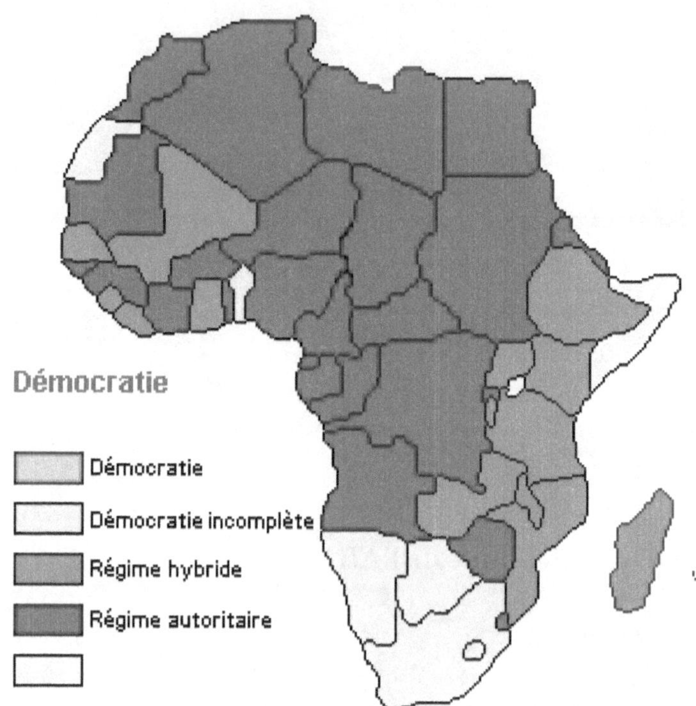

Anouar el-Sadate est né en Haute-Egypte le 25 Décembre 1918, dans une famille de 13 enfants, et a grandi à 40 miles au nord du Caire à une époque où l'Egypte était un protectorat Britannique. Le statut de l'Egypte sous le contrôle de l'Empire Britannique est venu de la dette écrasante qui a forcé le gouvernement Égyptien à vendre ses intérêts dans le canal de Suez au gouvernement Britannique — le canal de Suez était conçu par les Français.

Construit entre 1859 et 1869, le canal de Suez est une voie d'eau artificielle au niveau de la mer en Egypte qui relie la mer Méditerranée à la mer Rouge à travers l'isthme de Suez. Le canal offre aux embarcations un trajet plus court entre l'Atlantique Nord et le nord de l'océan Indien, réduisant ainsi le trajet d'environ 7 000 kilomètres (4 300 milles). En fait, les Britanniques et les Français avaient utilisé les ressources du canal pour établir un contrôle politique suffisant sur l'Egypte qu'il était logique de désigner l'Egypte comme une colonie Britannique.

Sadate serait grandement affecté par quatre personnages dans sa jeunesse — Zahran du village natal de Sadate qui a été pendu par les Britanniques pour une émeute qui a entraîné la mort d'un officier Britannique; Kemal Atatürk qui a créé l'état moderne de la Turquie des cendres de l'Empire Ottoman; Mohandas (Mahatma) Gandhi qui avait prêché le pouvoir de la non-violence dans la lutte contre l'injustice lors d'une tournée en Egypte en 1932; et enfin Adolf Hitler, que Sadate considérait comme quelqu'un qui pourrait aider à débarrasser l'Egypte du contrôle colonial Britannique.

Quand les Britanniques ont créé une école militaire en Egypte en 1936 à la suite d'un accord avec le Parti Égyptien

Wafd, Sadate est devenu l'un de ses premiers étudiants. Après sa graduation, le gouvernement l'a posté au Soudan où il a rencontré Gamal Abdel Nasser, avec qui, avec plusieurs autres officiers subalternes, il a formé en secret les Officiers Libres, un mouvement consacré à la révolution qui libérerait l'Egypte et le Soudan de la domination de la Grande Bretagne et la corruption de la monarchie. Cette association politique les mènerait éventuellement à la présidence Égyptienne.

Sadate serait emprisonné deux fois pour ses activités révolutionnaires pendant la Seconde Guerre Mondiale. C'était précisément pour ses efforts pour obtenir l'aide des puissances de l'Axe (Italie et Allemagne) pour expulser les Britanniques. Après sa sortie de prison, il a renoué avec Nasser seulement pour découvrir que leur mouvement s'était considérablement développé pendant les années qu'il était sous l'incarcération. Le 23 Juillet 1952, l'Organisation des Officiers Libres renversa le Roi Farouk et mit fin à la monarchie Égyptienne dans un coup d'état militaire qui déclencha la Révolution Égyptienne de 1952. Par la suite, il devint ministre des relations publiques et lieutenant de confiance de Nasser. Sadate, travailleur et concentré, accomplirait l'ordre de Nasser de superviser l'abdication officielle du Roi Farouk.

C'est au cours des années au pouvoir de Nasser que Sadate a appris le dangereux jeu de la construction de la nation dans un monde de rivalités de superpuissance. Ils ont conduit l'Egypte à devenir un pays « non-aligné », d'où l'une des principales nations que les sociétés sous-développées et postcoloniales admiraient. Nasser et Sadate survivront à la guerre de 1956 après la nationalisation du canal de Suez par Nasser, ce qui incitera les Britanniques, les Français et les

Israéliens à lancer une attaque contre l'Egypte afin de prendre le contrôle du canal des mains Égyptiennes. La guerre de 1956 ne prendra fin qu'après que les États-Unis d'Amérique auront contraint la Grande-Bretagne, la France et Israël à retirer leurs forces d'Egypte. Les deux camarades ont exploité la guerre au point que l'Egypte a émergé de cette guerre comme un champion des pays non-alignés pour résister aux grandes puissances.

****

Nasser connaîtrait un revers majeur de la Guerre des Six Jours en 1967, lorsque l'armée Israélienne a complètement détruit les forces aériennes Égyptiennes et paralysé l'armée Égyptienne en tuant au moins des 3 000 soldats et en occupant la péninsule du Sinaï jusqu'à Suez Canal. Le résultat de la guerre a mis à rude épreuve l'économie Égyptienne et a failli ruiner le gouvernement. Ce qui était encore plus décourageant pour Nasser était la désunion croissante entre les nations Arabes chamailleuses et les mouvements Palestiniens grandissants. Sa mort le 29 Septembre 1970, à la suite d'une crise cardiaque, a résulté de sa santé déclinante causée par la défaite de l'Egypte lors de la guerre Israélo-Arabe de 1967.

Appelé « Caniche Noir de Nasser » par certains Égyptiens de haut rang, Sadate était sous-estimé lorsqu'il a succédé à Nasser. Cependant, il a prouvé lui-même au cours des 11 prochaines années être un chef astucieux de son peuple.

Quand il offrit ouvertement aux Israéliens un traité de paix en échange de la péninsule du Sinaï capturée par Israël lors de la guerre de 1967, beaucoup, surtout dans le monde Arabe, furent pris de court. Pourtant, il surmonterait la crise intérieure et les intrigues internationales qui ont tourmenté sa présidence. Il ferait en sorte que l'Union Soviétique le prenne au sérieux en les expulsant après qu'ils aient échoué à reconstituer les réserves militaires épuisées de l'Egypte, puis en rétablissant les relations avec eux.

Israël et les territoires arabes capturés lors de la guerre de 1967

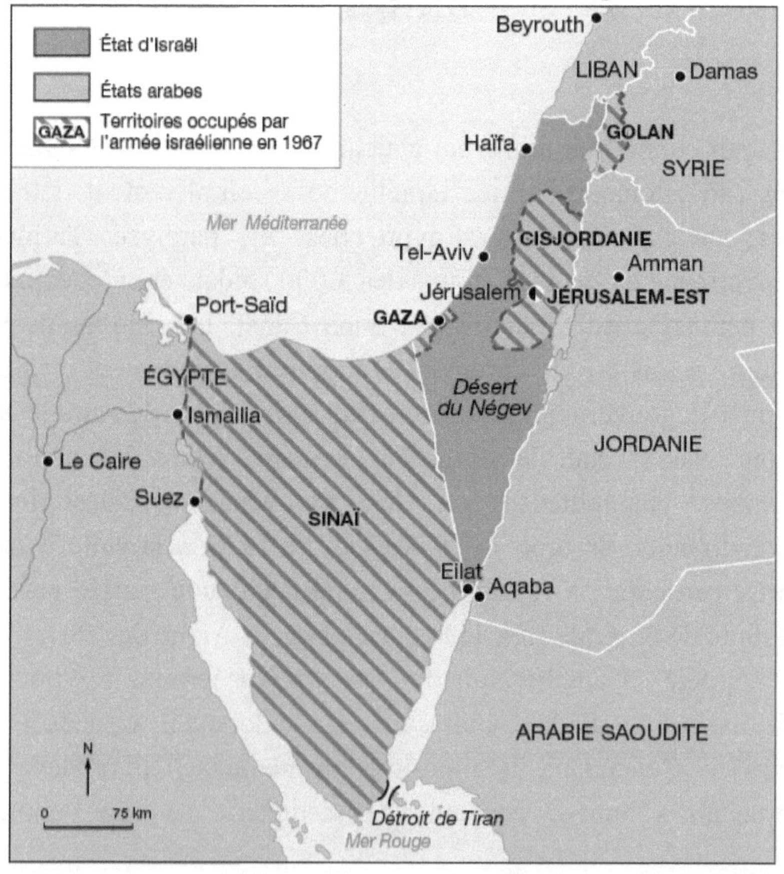

La Carte d'Israël et les Territoires Arabes Occupés après 1967

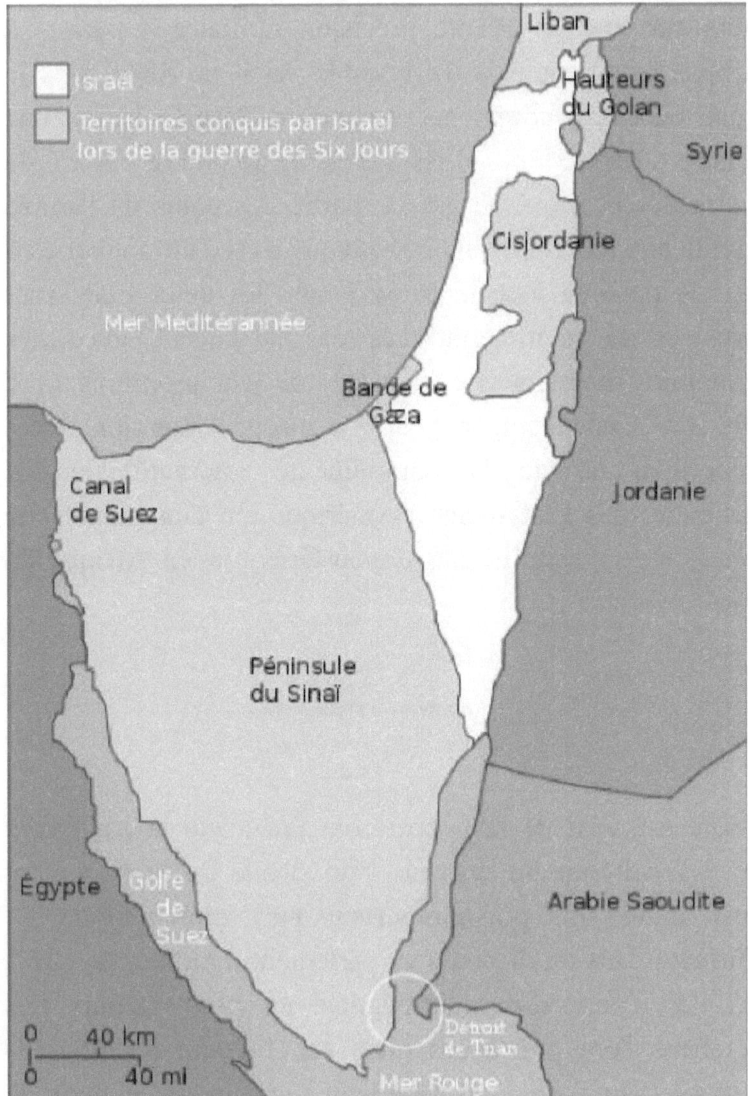

Quand le 6 Octobre 1973, Sadate a attaqué Israël dans le but de reprendre la péninsule du Sinaï après que l'Etat Juif ait continué à refuser l'initiative de paix Égyptienne, c'était son plus grand pari militaire et politique. Cela a porté ses fruits car une excellente précision militaire a permis à l'armée Égyptienne de traverser le canal de Suez dans le Sinaï, où elle a commencé à conduire l'armée Israélienne dans le désert. Même si les succès de la guerre ont été de courte durée et qu'une grande partie des gains de l'armée Égyptienne ont été inversés, l'attaque a créé un nouvel élan pour la paix en Egypte et en Israël, les deux États sont sortis de la guerre, fatigués par la guerre, avec des économies malmenées et une idée de leur proximité avec leur sort. Cependant, la guerre a suscité l'attention et les préoccupations de la communauté internationale, en particulier des États-Unis d'Amérique qui craignaient une plus grande instabilité au Moyen-Orient et en Afrique du Nord.

****

Sadate est sorti de la guerre convaincu que la paix avec Israël récolterait un énorme « dividende de la paix », et ainsi initié son plus important pari diplomatique en affirmant dans un discours au parlement Égyptien en 1977, qu'il irait n'importe où pour négocier un accord de paix. Les Israéliens l'ont pris à ses mots en l'invitant à le faire - s'adresser au parlement Israélien connu sous le nom de Knesset, ce qu'il a fait, initiant ainsi un nouvel élan pour la paix qui aboutira finalement à les accords de Camp David de 1978 et l'Egypte et Israël signant un traité de paix final en 1979. Lui et le Premier ministre Israélien Menahem

Begin recevront le prix Nobel de la paix cette année pour leurs efforts dans la réalisation de la paix entre leurs deux Etats.

Même si le traité de paix avec Israël a permis à l'Egypte de récupérer le Sinaï et même si elle fournit l'aide des pays occidentaux, l'aide qui a aidé l'économie Égyptienne à se redresser et même prospérer, le traité de paix avec Israël a laissé l'Egypte délaissée par le reste du monde Arabe. Le confort de Sadate avec l'Occident et le traité de paix avec Israël ont également suscité beaucoup d'opposition au sein du pays, en particulier parmi les groupes des fondamentalistes Musulmans dans l'Egypte. Même s'il a amélioré la vie quotidienne de l'Égyptien commun, même s'il a fait de la charia la base de toutes les nouvelles lois Égyptiennes, et même s'il cherchait à rétablir le calme en promulguant des lois interdisant la protestation, le fondamentaliste Musulman ne serait pas satisfait.

C'est ce mécontentement qui a conduit à l'assassinat de Sadate le 6 Octobre 1981, lors d'un défilé militaire célébrant le succès de la traversée de Suez par l'armée Égyptienne lors de la guerre de 1973 contre Israël. Son vice-président, Hosni Moubarak lui succéderait.

Trois États-Unis. Les présidents Gerald Ford, Jimmy Carter et Richard Nixon assisteraient aux funérailles de Sadate. Le seul chef d'Etat Arabe à rendre son dernier hommage au dirigeant Égyptien assassiné était Gaafar Nimeiry du Soudan, une décision qui lui coûterait cher car il serait renversé par les islamistes le 6 Avril 1985.

Même si la démarche audacieuse de Sadate pour faire la paix avec Israël lui a coûté la vie et conduit à l'expulsion de l'Egypte de la Ligue Arabe, elle a ouvert la voie à de futures négociations entre Israël et le reste du monde Arabe. La signature du traité de paix entre Israël et la Jordanie en 1994, faisant de la Jordanie le deuxième pays Arabe à conclure la paix avec Israël, doit beaucoup à la paix pionnière que Sadate a menée l'Egypte à signer avec Israël. Aujourd'hui, Israël a développé des liens non-diplomatiques avec plusieurs autres pays Arabes et est reconnu par plusieurs pays Musulmans.

Sadate est honoré en Malaisie où il est un Grand Commandeur Honoraire de l'Ordre du Défenseur du Royaume.

****

Aujourd'hui, près de quatre décennies après la mort d'Anouar Sadat, si vous demandez à des Égyptiens qui l'ont connu, qui ont expérimenté sa règle ou qui ont appris de sa vie et sa mort, ce qu'ils pensent de son héritage, vous obtiendrez probablement une gamme variée de réactions comme certaines des vues tenues sur un homme fascinant qui a dirigé un pays complexe pendant un moment compliqué dans l'histoire de la région la plus problématique du monde. Cependant, les émotions que vous verrez le plus sur leurs visages sont celles qui reflètent le respect, la gratitude et la douleur. La plupart des Égyptiens laïques embrassent son héritage, estimant qu'il était un dirigeant audacieux, un visionnaire, un réaliste, un pragmatiste, une personne humaine et un véritable patriote non encombré par l'idéalisme. Au contraire, la plupart de ceux qui pensent que il a laissé un héritage négatif, sont convaincus qu'il a trahi la cause Arabe en faisant une paix séparée avec Israël, qui promet seulement plus de violence à l'avenir, et que la prospérité qu'il a promet suivra la signature d'u traité de paix Israélo-Égyptien à Camp David aux Etats-Unis a été surclassé. En fait, il y a d'autres Égyptiens qui vont jusqu'à attaquer les fondements de son caractère, prétendant qu'il était souvent trompeur, vaniteux et indolent, et qu'il faisait même de temps en temps le bouffon, surtout à ses supérieurs.

Alors que la plupart des experts s'accordent à dire que le prédécesseur de Sadate, Gamal Abdul Nasser, a jeté les bases pour la création de l'Etat égyptien moderne, Sadate a complété la fondation de l'Egypte moderne et a façonné le développement interne et externe du pays — socio-économique et politique, d'une manière très fondamentale, en mettant l'Egypte sur une trajectoire que pratiquement aucun autre leader égyptien ou mouvement politique ne peut détourner le pays de ce chemin. Et il l'a fait ca à un moment où la plupart des régimes Arabes étaient tombés dans la «dégénérescence morale et politique, libérant ainsi l'Egypte de leurs politiques en faillite.

Les critiques de Sadat, en particulier les plus sévères comme les islamistes (La Société des Frères Musulmans en particulier) qu'il avait réprimé, le tiennent pour responsable de la difficulté de la démocratie en Egypte. Certains d'entre eux le considèrent même comme un administrateur incompétent qui s'est moqué de la loi en réprimant ses adversaires réels ou imaginaires, et qui a favorisé la corruption parmi son cercle intérieur et son cercle extérieur.

Quelle que soit la position prise par une critique de Sadate, une chose qui ne peut pas être contestée est le fait qu'il a hérité d'une Egypte de Gamal Abdul Nasser partiellement occupé par Israël, vaincu, en faillite, et fortement dépendant sur l'Union Soviétique; et il a laissé un pays plus dynamique et plus sûr.

Selon certains experts, Anouar Sadate était un visionnaire qui comprenait que la paix avec Israël était inévitable, que le reste du monde Arabe et le reste du monde Musulman se viendraient à réaliser ca un jour et feraient la paix avec Israël, et que plus vite cela serait fait, le meilleur. Il ne parvint pas à convaincre ses homologues Arabes et Musulmans de se joindre à ses ouvertures de paix, et il a conclut, seul, un traité de paix avec Israël qui apportait des dividendes à l'Egypte, mais qui lui valut le ressentiment des mondes Arabe et Musulman.

Anouar Sadate d'Egypte, Jimmy Carter des USA, et Menachem Begin d'Israël lors de la Signature des Accords de Camp David

Aujourd'hui, Anouar Sadate est justifiée. Israël est plus sécurisé militairement, économiquement et socialement. Sa population a presque quadruplé et les peuple Juif sont plus implantés en Cisjordanie occupée et sur le Plateau du Golan qu'auparavant. Au contraire, les positions des mondes Arabe et Musulman vis-à-vis l'établissement de la paix avec l'Israël ont évolué au point où l'opinion dominante est qu'ils se sont adoucis énormément. La destruction d'Israël n'est plus une position dominante, et les sujets auparavant tabous sont maintenant des sujets de négociation. Cependant, à l'évidence, les réalités sur le terrain en Israël et dans les territoires occupés des Plateau du Golan, de Gaza et de Cisjordanie changent chaque jour en faveur des Israéliens qui s'opposent à un accord impliquant le commerce des terres capturé pendant la guerre de Six Jours de 1967 pour la paix avec leurs voisins. Ce sont principalement des Israéliens de droite qui étaient une minorité dans les années 1970, mais dont le nombre augmentent chaque jour.

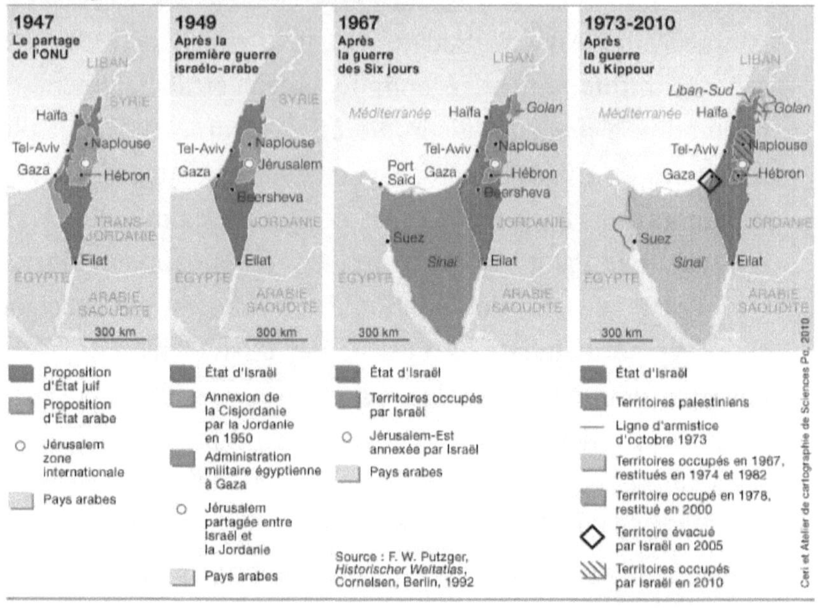

Indice de Démocratie: l'Afrique et le Monde

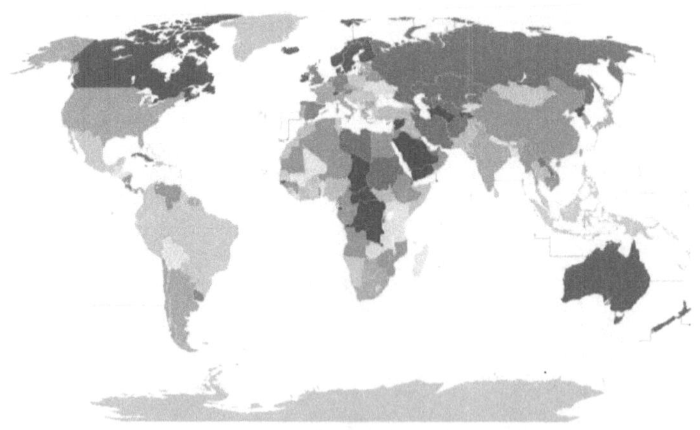

Régimes Hybrides 5.01–6   4.01–5
Régimes Autoritaires 3.01–4   2.01–3   0–2

Les Pays D'Afrique